LIEBE SCHLÄGT MIR AUF DEN MAGEN

WAKU OKUDA

INHALT

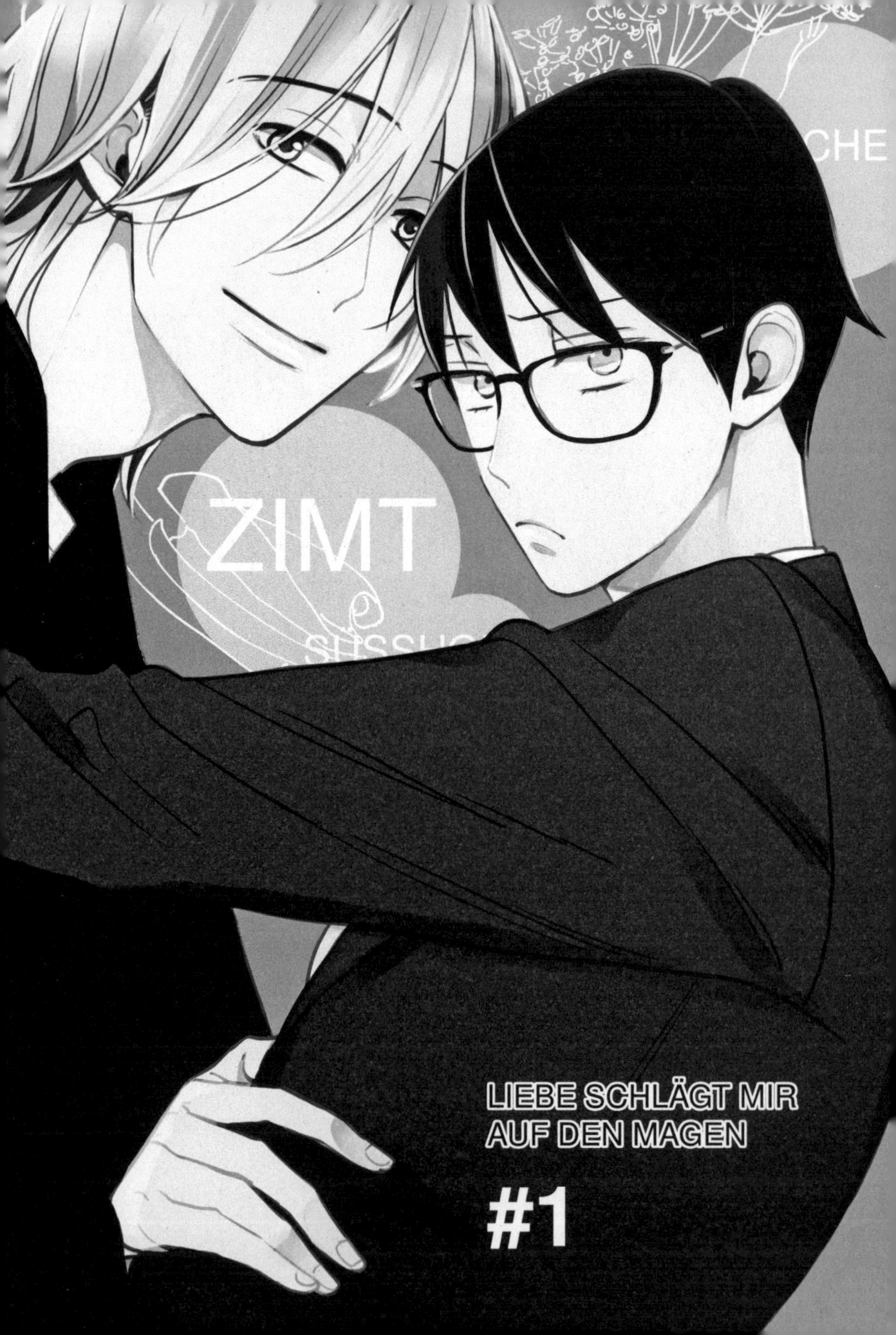
ZIMT
LIEBE SCHLÄGT MIR
AUF DEN MAGEN
#1

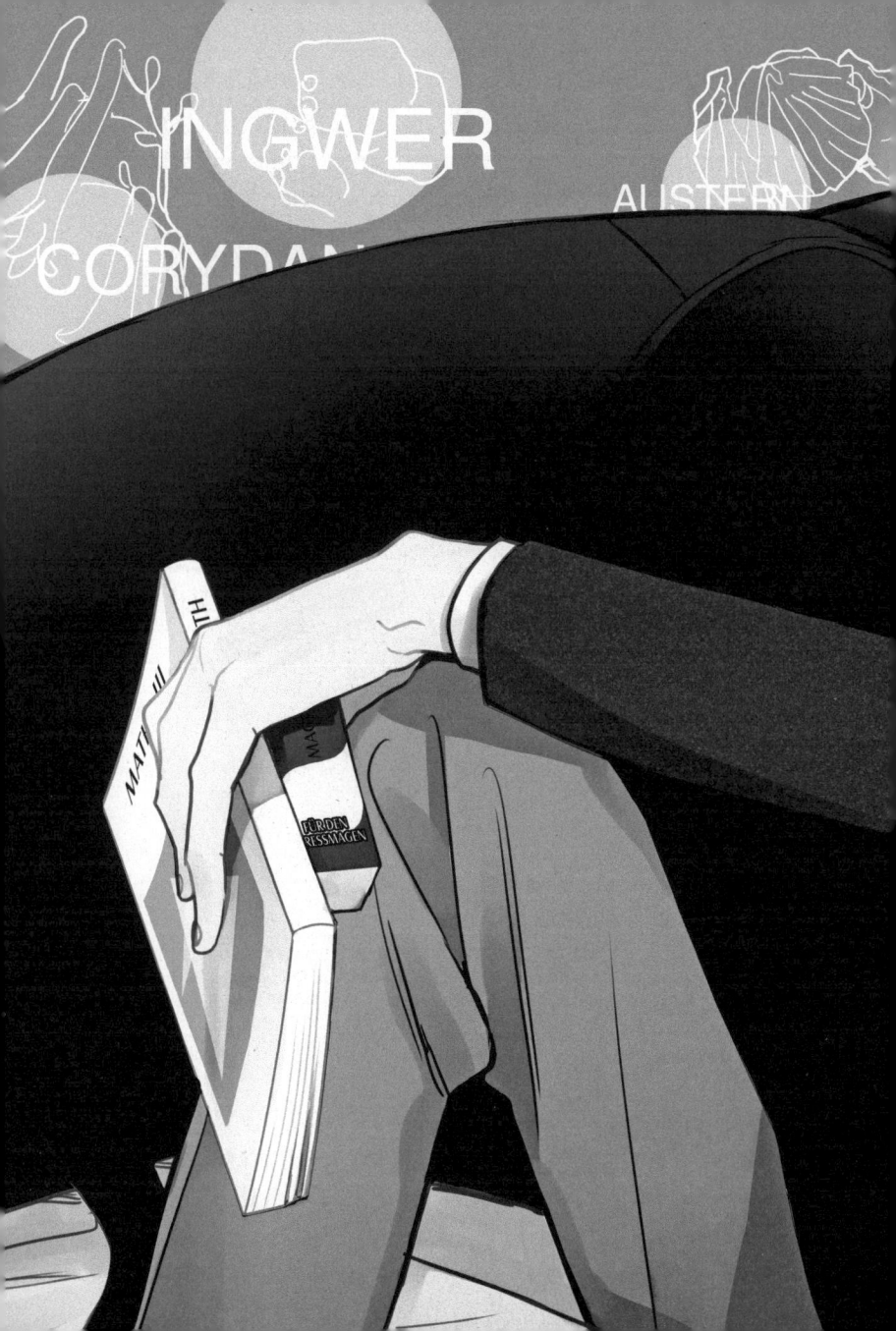

ES IST, AUF JEDEN FALL UNGEÖFFNET.

DU MUSST NATÜRLICH WISSEN, OB DU EIN MEDIKAMENT EINNEHMEN WILLST, DAS DU VON EINEM UN-BEKANNTEN PASSANTEN BEKOMMST, ABER...

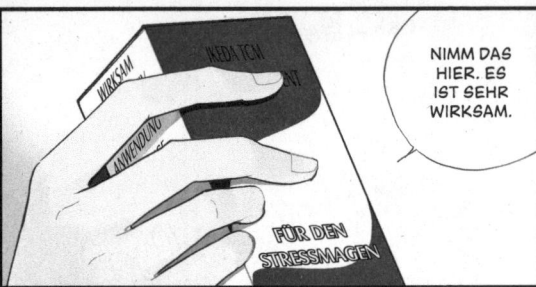

WIRKSAM
INHALATION
ANWENDUNG
FÜR DEN STRESSMAGEN

NIMM DAS HIER. ES IST SEHR WIRKSAM.

ANSONSTEN NIMM ES EINFACH ALS TALISMAN MIT.

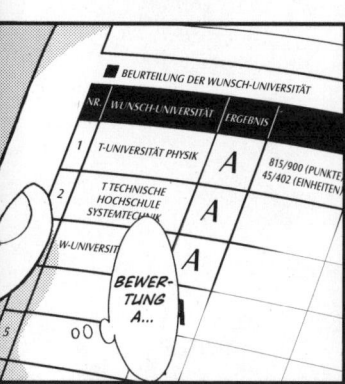

	BEURTEILUNG DER WUNSCH-UNIVERSITÄT		
NR.	WUNSCH-UNIVERSITÄT	ERGEBNIS	
1	T-UNIVERSITÄT PHYSIK	A	815/900 (PUNKTE) 45/402 (EINHEITEN)
2	T TECHNISCHE HOCHSCHULE SYSTEMTECHNIK	A	
	W-UNIVERSITÄT	A	

BEWERTUNG A...

KUNI-HIKO NANA-SE!

... ICH GEBE JETZT DIE ÜBUNGS-PRÜFUNG ZURÜCK.

OKAY, ALSO ...

EIN GLÜCK...

BESIEGE DICH SE!

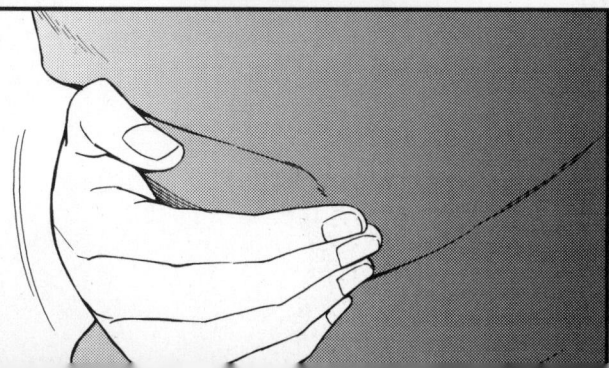

ICH WAR SCHON ALS KIND ANFÄLLIG FÜR STRESS.

GERADE JETZT DÜRFT IHR IN EURER KONZENTRATION NICHT NACHLASSEN.

MAN MERKT EUCH ALLEN EINE GEWISSE ERSCHÖPFUNG AN!

BEWERTUNG A BEI DER T-UNIVERSITÄT.

NANASE IST DAFÜR UMSO STABILER.

*ENTZÜNDUNG DER SCHLEIMHÄUTE VON MAGEN UND DARM

BEI SCHULAUFFÜHRUNGEN ODER TESTS BEKAM ICH IMMER BAUCHSCHMERZEN.

JE GRÖSSER DIE AUFMERKSAMKEIT...

... UND ERWARTUNGEN MEINER ELTERN, LEHRER UND UMGEBUNG, DESTO SCHLIMMER WURDE ES.

MITTLERWEILE LEIDE ICH AN EINER CHRONISCHEN STRESSBEDINGTEN GASTROENTERITIS.*

NEHMT EUCH EIN BEISPIEL AN IHM.

DIE GRIPPE IST AUCH GERADE IM UMLAUF!

ALSO, ACHTET DRAUF, EUCH NICHT ZU ERKÄLTEN!

GNNH

KRAMPF

MEIN MAGEN MACHT MIR MEHR PROBLEME ALS ERKÄLTUNGEN!

HOF SHINJUKU*

*STADTTEIL VON TOKIO

WENN JEMAND STÄNDIG MAGENSCHMERZEN HAT...

ICH MUSS MICH...

... MACHT SICH NIEMAND MEHR GROSSARTIG SORGEN.

... SCHON SELBST UM MEINEN MAGEN KÜMMERN.

BIEP

DIE MAGENTABLETTEN, DIE ICH IMMER MIT MIR HERUMTRAGE...

HEY, IST ER DAS!?

DAS IST DOCH DIE SCHULUNIFORM DER KAIMEIKAN OBERSCHULE?

... SIND SO ETWAS WIE EIN TALISMAN FÜR DEN NOTFALL.

MAN DARF ABER NICHT ZU VIELE NEHMEN, SONST SCHADET ES DEM KÖRPER.

RICHTIG, MAGENTABLETTEN!

SIND KAUM NOCH WELCHE DA. ICH MUSS NEUE BESORGEN.

ICH HAB SIE JA HEUTE MORGEN IM ZUG DEM JUNGEN MANN GEGEBEN.

ER WIRKTE WIE EIN PRINZ!

ER WAR VIEL SMARTER UND COOLER...

HAST DU MIR ÜBERHAUPT ZUGEHÖRT?

QUATSCH!

UND DABEI HATTE ER ETWAS FLÜCHTIGES, ALS WÜRDE ER SICH GLEICH AUFLÖSEN...

SCHREIT NICHT SO...

DEINE BESCHREIBUNG IST TOTAL WIDERSPRÜCHLICH, KANN DAS SEIN...?

HÖR DOCH AUF! EIN OBERSCHÜLER, DER WIE EIN PRINZ AUSSIEHT?!

DAS IST ER!

OH, MEINE BRILLE IST BESCHLAGEN...

DREISTE TYPEN, DIE ES VOLLKOMMEN KALT LÄSST, WENN SIE (IM NEGATIVEN SINNE) DIE AUFMERKSAMKEIT DER LEUTE AUF SICH ZIEHEN...

... FINDE ICH IN GEWISSER HINSICHT BENEIDENSWERT.

UH...!

JETZT HAST DU MICH ABER ÜBERRUMPELT! ♡

ÄH?

キーキーキー...

GNNNNNNNH

さ—— MÜRMEL

さ

わ MÜRMEL

NICHT WAHR, DU ERINNERST DICH!

DU HAST MIR HEUTE MORGEN GEHOLFEN!

SCHLUCK

ALLES OKAY MIT DEINEM BAUCH?

VER-DAMMT...

UNNÖTI-GER VER-BRAUCH...

ABER DU HAST NOCH SCHMERZEN, ODER?

ICH KENNE DAS.

DAS MEDIKAMENT WIRKT SCHNELL. ES IST ALLES OKAY.

NEIN, ICH WILL KEINESFALLS BEI DER ARBEIT STÖREN.

DU SOLLTEST DICH EIN BISSCHEN AUSRUHEN.

KM COMPANY

JA, DANKE FÜR DAS WASSER.

UND DASS ICH DEN EMPFANGSRAUM DEINER FIRMA (?) BENUTZEN DARF.

DU MUSST DICH NICHT STRESSEN.

EIGENTLICH HATTE ICH GEDACHT, ICH WÄRE FREUNDLICH ZU MEINEM MAGEN, ABER...

... ICH HABE MICH WOHL MIT DER ZEIT DARAN GEWÖHNT, ZU VIEL VON MIR ZU VERLANGEN.

DU HAST RECHT ...

GUT, DANN WÜRDE ICH MICH GERNE AUSRUHEN ...

... BIS DAS MEDI-KAMENT WIRKT.

JA!

AHA...

... DU HEISST ALSO KUNIHIKO NANASE!

WARUM FREUT ER SICH SO?

ICH LIEBE DICH!

BITTE LASS UNS ZUSAMMEN SEIN!

SENRI ATTACKIERT EINEN OBER-SCHÜLER!

GAAAAH!

ICH MUSS IHM EINE ANSTÄNDIGE...

... EINE ORDENTLICHE ANTWORT GEBEN.

ACH SO!

SEIN MAGEN IST ALSO AUCH SO SENSIBEL.

AH, WIEDER DEIN MAGEN?

AUAAA...

!

ES TUT MIR LEID, ABER...

... ICH KANN DEINE GEFÜHLE NICHT ERWIDERN.

DESHALB...

... HABE ICH AUCH KEIN INTERESSE AN EINER BEZIEHUNG MIT EINER FRAU...

... ODER ÄHNLICHES NOCH ZUSÄTZLICHEN STRESS AUFZUHALSEN.

ICH HABE NICHT VOR, MIR DURCH EINE LIEBESAFFÄRE...

WIE ICH DIR VORHIN GESAGT HABE, HABE ICH MAGENPROBLEME...

... UND DA ICH MICH GERADE AUF DIE AUFNAHMEPRÜFUNGEN VORBEREITE, IST MEIN MAGEN OHNEHIN SCHON ANGEGRIFFEN.

ICH LEHNE NICHT AB, WEIL DU EIN MANN BIST.

ICH MÖCHTE NICHT, DASS DU DIR DESWEGEN GEDANKEN MACHST.

*ANREDE FÜR EINE JÜNGERE MÄNNLICHE PERSON

KUNIHIKO-KUN*....

LASS UNS GEMEINSAM UNSERE MÄGEN BE-SCHÜTZEN... ♡

WA...

D-DEIN MAGEN...

WAS IST DAS BITTE FÜR EINE DURCH NICHTS ZU ERSCHÜTTERN-DE MENTALE STÄRKE...?!

WARTE, KUNIHIKO!
WIRF MICH NICHT WEG!
ICH HAB DICH NICHT AUFGELE-SEN...!
OKAY, WAS SOLL ICH MACHEN?
WIE KANN ICH DICH DAZU BRINGEN, DICH IN MICH ZU VERLIEBEN?
ICH TUE ALLES!
DANN ... ... SEI ...
... ERST MAL ... ... LEISE.
KUNI-HIKO-KUN!
HOL DEN WAGEN!

NEIN, GAR NICHT.

UND DAS IST DEINE SCHULD.

ALLES OKAY MIT DEINEM MAGEN?

HAB VERSTANDEN! ICH STEHE DAFÜR GERADE! KOMM, ICH STREICHLE IHN!

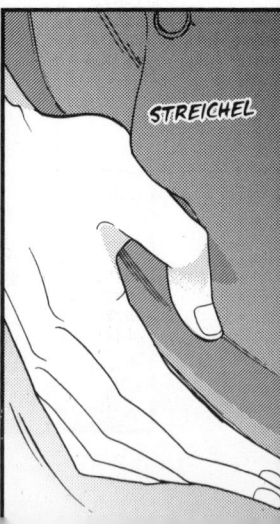

STREICHEL

SCHÖN WARM...

EINE GROSSE...

... LIEBEVOLLE HAND.

DAS SPÜRE ICH SOGAR DURCH DIE KLEIDUNG.

ZITTER

SLIP

WAS IST
DAS FÜR
EIN HAR-
TES...

RUTSCH

TUT DAS
GUT...

AH! ♥

TUT MIR LEID...

DING

DING

S...

GEHT ES DEINEM MAGEN BESSER?

J-JA...

TUT MIR LEID, DAS WOLLTE ICH NICHT.

... FÜHLT SICH SEXUELL ZU MIR HINGE-ZOGEN.

ACH JA, ER...

JA, TAT-SÄCHLICH...

DU SIEHST ...

... ECHT GUT AUS!

WAS?!

DIESER TYP IST SOWIESO SCHON KAUM ZU BREMSEN!

ICH HÄTTE MIR DENKEN KÖNNEN, WOHIN DAS FÜHRT, WENN ICH IHM »EIN KOMPLIMENT MACHE!

W...

WAS HAB ICH...

BUBUM

DU HAST MIR EIN KOMPLIMENT GEMACHT!

BUBUM

OH MANN!

JETZT...

... MACHE ICH MIR HOFF-NUNGEN!

OH...

APRO-POS, WIE-SO HAST DU EINEN FAHRER ...?

MISCH DICH NICHT EIN, FAHRER!

E-E-ENT-SCHULDI-GUNG!

Ä-ÄHM, DÜRFTE ICH VIELLEICHT ERFAHREN, WO ES HIN-GEHT?

KEIN DING!

VIELEN DANK!

BLAMM

WAS IST DENN, KUNIHIKO-KUN?

LASS BLOSS DEINE FINGER VON MIR!

UM MEINEN MAGEN ZU SCHÜTZEN...

... WILL ICH EIN MÖGLICHST RUHIGES LEBEN FÜHREN.

UND DAS, WO WIR AUCH NOCH ZWEI MÄNNER SIND...

... MEDIEN, SKANDALE ...

... LEUTE, DIE IM RAMPENLICHT STEHEN...

LEUTE AUS DEM SHOW-BUSINESS ...

EIN PARA-
DIESVOGEL
WIE DU HAT
MIR DA GE-
RADE NOCH
GEFEHLT!

KUNIHIKO-
KUN...

GUT SO, SENRI!

KLICK

ノ ノ ｲ ミ ﾉ ㇒

ES IST WIRKLICH EINE ABSO- LUTE UNVER- SCHÄMTHEIT, SO GROSS ZU SEIN!

UND WIE DIESER ANZUG AN DIR SITZT, IST DER HAMMER!

LIEBE SCHLÄGT MIR AUF DEN MAGEN #2

BEI DIESEM BLICK BE- KOMMT MAN EINE GÄN- SEHAUT!

NOCH HERAUSFOR- DERNDER!

DURCH- BOHR MICH MIT DEINEN BLICKEN!

DAS IST ECHT FIES, SHIN-GYOJI-SAN.
DIESES OUTFIT MITTEN IM WIN-TER!
MEIN BAUCH WIRD GANZ KALT!
LIEBE SCHLÄGT MIR AUF DEN MAGEN
#2

SIEHST DU?!

KNURRRRR

HÄ?

KLACK

RATT RATT

NA JA, ICH FREUE MICH, WENN ICH DEN JOB GUT GEMACHT HABE.

SCHLIESS-LICH WAR DAS MEIN LETZTER MIT IHNEN.

ABER ICH HAB EIN PAAR VERDAMMT GUTE BILDER GESCHOS-SEN!

ICH HÖRE MIT DEM MODELN AUF.

AB JETZT LEBE ICH NUR NOCH FÜR DIE LIEBE!

KUNIHIKO-KUN!

MACHT MICH IMMER FERTIG ...

ICH HASSE DIE RUSH-HOUR ...

SEUFZ

BESCHREI-BUNGEN LIEGEN MIR NICHT. DA MUSS ICH SICHERER WERDEN...

ICH MUSS DEN ZEITPLAN ÄNDERN.

ZU HAUSE MUSS ICH DEN LITE-RATURTEST KORRIGIE-REN.

AUSSER DEINEM AUSSEHEN HAST DU DOCH NICHTS ZU BIETEN, SENRI!

DER VERTRAG MIT GALA D IST NOCH NICHT ERFÜLLT!

DU WILLST MIT DEM MODELN AUFHÖREN? WAS FÄLLT DIR EIN?

GLAUBST DU, DU FIN- DEST EINEN ANDEREN JOB?

DANN ...

GENAU! UND VOR ALLEM, WENN DU AUFHÖRST ZU MO- DELN ...

DAS IST NICHT MEIN PRO- BLEM!

DANN KANN ICH DOCH KEIN GELD MEHR MIT DIR VERDIE- NEN!

WEIL ICH...

... GESAGT HABE, ICH WILL KEIN MODEL...

ICH WILL NICHT! DAS IST SO ANSTRENGEND!

SUCH DIR EINEN JOB, RUI!

ER WILL SEINEN JOB AUFGEBEN?!

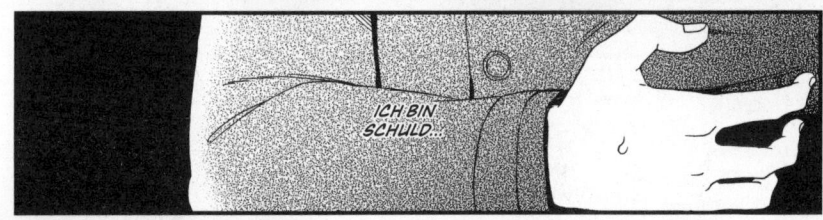

ICH BIN SCHULD...

DU HAST ES GUT. DU KANNST DIR DAS LEISTEN ...

FREUNDE VON DIR, NANASE?

... ICH KANN MICH ÜBERHAUPT NICHT MEHR MIT MEINEN FREUNDEN TREFFEN.

SEUFZ

ES SIND NOCH DREI WOCHEN BIS ZUR ZENTRA-LEN PRÜFUNG, ABER...

NEE, ICH ...

WARTE ...!

ES IST SCHON SPÄT! ICH BRINGE DICH NACH HAUSE!

IST NICHT DEINE SCHULD!

MACH'S GUT!

RICHTIG!

WAS MIT IHM IST, GEHT DICH NICHTS AN.

KONZENTRIER DICH AUF DICH SELBST!

RUSHHOUR

FWUSCHHH

ES IST SAUKALT, SENRI! WARUM HAST DU DAS FENSTER AUFGEMACHT?!

COME ON!

NA JA, WENN IHM KALT IST, RÜCKT KUNIHIKO-KUN VIELLEICHT NÄHER AN MICH RAN!

DU KRIEGST NUR WIEDER BAUCHSCHMERZEN!

AUSSERDEM LEBST DU IMMER NUR FÜR DEN MOMENT. ICH KANN NICHT AUF JEDE DEINER LAUNEN EINGEHEN.

DU HAST LEDIGLICH DEN JOB BEENDET, VON DEM DU WUSSTEST.

AH, DA FÄLLT MIR EIN: NÄCHSTE WOCHE IST DAS SHOOTING FÜR AGE...

ICH HAB DOCH AUFGEHÖRT!

HÄ?

WARUM BIST DU AUSGESTIEGEN?

DAS GALT NICHT DIR.

ACH, KEIN DING!

VIELEN DANK, DASS SIE MICH NACH HAUSE GEFAHREN HABEN.

DAS HAT MIR SEHR GEHOLFEN.

GEMEINSAM UNSERE MÄGEN BESCHÜTZEN...?!

ER MACHT MEINEM MAGEN DIE GANZE ZEIT NUR STRESS!

PUH...

DAS IST EINE WIN-WIN-SITUATION!

WIE?

ICH ...

WAS?

ICH BRINGE DICH IN ZUKUNFT IMMER VON DER SCHULE NACH HAUSE!

ICH HAB'S ...!

NA, WARST DU WIEDER FLEISSIG?

PRÜFUNGSTEIL NR. 1

HEUTE ...

... HAT EINER AUS MEINER KLASSE PLÖTZLICH ANGEFANGEN ZU WEINEN.

WAS IST LOS?

NANU! DU WEHRST DICH GAR NICHT?

WIR SIND
ALLE TOTAL
FERTIG!

KUNI-
HIKO-
KUN
...

KNURR

ZACK

AH, ABER
ICH MUSS
ENGLISCHE
VOKABELN
BÜFFELN
...

DAS
KANN ICH
IM AUTO
MACHEN.

... DER WEGEN DER MEINUNG ANDERER LEUTE SEINEN JOB AUFGIBT.

... ABER ICH BRINGE AUCH NIEMANDEM SYMPATHIEN ENTGEGEN...

ICH BIN ZWAR NICHT ERPICHT DARAUF, MIT EINEM SCHRILLEN TYPEN AUS DEM SHOWBUSINESS BEFREUNDET ZU SEIN...

GOOOING

KONZENTRIER DU DICH AUF DEINE ARBEIT.

K-KANN ICH NICHT IRGENDWAS TUN?

HÄÄÄÄ?

ER HAT ALLES DURCHDACHT...

GNH

JA, JA.

KI... KIZU, BESORG MIR VIELE JOBS!

SEI TAPFER!

STREICHEL STREICHEL

ACHTE GUT AUF KUNIHIKO-KUN!

GUT, DANN VERTRAUE ICH JETZT MEINE GEFÜHLE DEINEM MAGEN AN.

DAS FENSTER WAR AUF!

...!

OHNE DAS...

ICH HAB ALLES, WAS ICH DRAUF-HABE, UND ALLES, WAS ICH NOCH NICHT BEHERR-SCHE...

... MARKIERT UND MIT NOTIZEN VERSEHEN, DAMIT ICH DEN ÜBER-BLICK BEHALTE.

ES IST DIE ESSENZ MEI-NER BISHERIGEN ANSTRENGUN-GEN UND MEIN LEITFADEN FÜRS LERNEN.

SCHMERZ

M...

MEINE BÜCHER...

DIE MEDI-ZIN...

DIE KANN ICH KAU-FEN...

ABER DIE BÜ-CHER...

SENRI!

SENRI!

SE...

SENRI
...

PLATSCH

PUHA!

ICH
HAB SIE,
KUNIHIKO-
KUN!

° DEZEM-
BER.

EIN
GLÜCK!

ES SCHEINT
ALLES TRO-
CKEN GEBLIE-
BEN ZU SEIN.

ZIEH
DICH
AUS!

AUCH
DAS
HEMD!

K-KU...

KUNI-
HIKO-
KUN...

MEINE
BRUST-
WARZEN!

AH! ♥

ばっ
ZACK
BUBUM
KUNI-HIKO-KUN...
BUBUM
WIR KÖNNEN DOCH HIER NICHT...
ABER WENN DU ES WILLST ...
HH
... IST MIR EGAL, WO WIR...
HH
RASCHEL
HH

IDIOT!

KEIN EIN-
SPRUCH.

DEIN
MAGEN
TUT MIR
LEID.

I...

ICH ACH-
TE DOCH
AUF IHN!

... VER-
HÄLTST
DU DICH
STÄN-
DIG SO
LEICHT-
SINNIG!

OBWOHL
DU
WEISST,
DASS DU
EINEN
SCHWA-
CHEN
MAGEN
HAST...

ACHTE
BESSER
AUF
DEINEN
EIGENEN
KÖRPER!

KRASS ...

NICHT MAL DAS UNTERWÄSCHE-SHOOTING MIT EI-NER MEGAZICKI-GEN, BERÜHMTEN SCHAUSPIELERIN KONNTE MIR ET-WAS ANHABEN!

DANKE FÜR DIE TASCHE ...

WENN ICH DICH SEHE, FÜHLE ICH MICH SO ER-BÄRMLICH...

DAS IST NICHT WAHR!

DU MACHST DIR IMMER GEDANKEN UM MICH!

ICH HABE SCHON GENUG MIT MIR SELBST ZU TUN ...

ICH BIN ECHT EIN ARMSELIGER MENSCH...

DU BIST EIN LIEBE- VOLLER MENSCH.

UND DESHALB BEKOMMST DU MAGEN- SCHMERZEN.

WEIL DU SO BIST, WIE DU BIST, HABE ICH MICH IMMER MEHR IN DICH VERLIEBT.

SENRI!

ICH GLAUBE, MEIN MAGEN IST IRGENDWIE...

K R A M P F !!!

NEIN! VIELLEICHT IST ES INS WASSER GEFALLEN!?

... IST IN DER TASCHE.

M-MEIN MEDIKAMENT...

IST MIR LANGE NICHT MEHR PASSIERT... DASS ETWAS SO IN DIE HOSE GEHT.

DIE NEUEN MEDIKAMENTE SIND ECHT SUPER...

URANO-KUN HAT MICH VERTEIDIGT UND GESAGT...

... DASS ICH NICHTS FÜR MEINE VERANLAGUNG KANN.

DAS IST SICHER NICHT LEICHT...

DOKTOR YOKOTA AUS DEM ERSTE-HILFE-RAUM HAT KLEIDUNG ZUM WECHSELN FÜR MICH BEREITGEHALTEN.

KOMM JEDERZEIT VORBEI!!

RETTUNGSTRUPPE

DIE MENSCHEN IN MEINER UMGEBUNG HABEN SICH IMMER UM MICH GEKÜMMERT...

SASAKI-SAN* HAT MIR IHREN PLATZ IN DER NÄHE DER TÜR ÜBERLASSEN, DAMIT ICH SCHNELL ZUR TOILETTE GEHEN KANN.

WEIL DU ES BIST, SENRI-KUN.

*JAPANISCHE ANREDE

FAHRER KIZU

WIR BRAUCHEN MEHR INFOS...

RYUNOSUKE

AUF EINMAL?

RUI

UND MEINE FREUNDE ACHTEN AUF ALLES MÖGLICHE...

MEINE PSYCHISCHE VERFASSUNG HAT SICH DURCH DIE STÄNDIGE WIEDERHOLUNG SOLCHER PEINLICHEN VORFÄLLE VERÄNDERT.

... UND NUR WENIGE MENSCHEN BLEIBEN BEI MIR.

... NICHT DURCHHÄLT UND MIR EIN MALHEUR PASSIERT...

ES GIBT MENSCHEN, DIE SICH VON MIR ABWENDEN, WENN MEIN MAGEN...

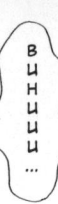

в н и и и
...

ICH
LIEBE DICH
SO SEHR,
KUNIHIKO-
KUN!

... KÖNNEN WIR ES MIT EINER BEZIEHUNG VERSUCHEN, WENN WIR UNSERE MÄGEN DABEI IM BLICK BEHALTEN.

WAS? IM ERNST JETZT?

DENN WENN ICH MIT IHM ZUSAMMEN BIN, HILFT MIR DAS VIELLEICHT AUCH, MEINE MAGENKRISEN ZU ÜBERSTEHEN.

KUNIHIKO-KUN!

MACH, DASS ICH OHNE ZWISCHENFÄLLE, GELASSEN, GESUND UND OHNE IRGENDWELCHE UNFÄLLE MEINE BISHERIGE LEISTUNGSFÄHIGKEIT ABRUFEN KANN UND DIE ZWEITE ZENTRALE PRÜFUNG...

LOS, ZIEH EINS!

ACH, ICH MÖCHTE LIEBER NICHT...

RED KEINEN UNSINN! DU MUSST „GROSSES GLÜCK" ZIEHEN!

MUTTER!

ALS NÄCHSTES DAS ORAKEL-ZETTEL-CHEN!

KUNIHIKO, HAST DU DEIN GEBET GESPROCHEN?

BUBUM

BUBUM

BUBUM

GNH

MITTLERES GLÜCK

WÜNSCHE

ERWARTETE

VERLOREN

REISEN

»MITTLERES GLÜCK«... DAS IST NICHT ALLZU GUT, NICHT WAHR?

ICH KANN AUF EINE WENDUNG ZUM BESSE-REN HOFFEN, WENN ICH MICH ENT-SPRECHEND VERHALTE.

ICH DARF MICH IN DIESER SITU-ATION NICHT NUR AUF MEIN GLÜCK VERLASSEN...

EIN GANZ PASSABLES ORAKEL....

... UND MICH NICHT IN SPE-KULATIONEN ÜBER EINE UNSICHERE ZUKUNFT VERLIEREN.

MITT-LERES GLÜCK ...

DIE SPALTE FÜR WÜNSCHE: »NIMM DIR ZEIT, SONST GEHEN SIE NICHT IN ERFÜLLUNG.«

SCHAU MAL, HIER...

OH NEIN, GEHT DAS GUT?

KUNIHIKO WIRD GANZ SICHER NICHT SCHEITERN!

VIEL-LEICHT SOLLTEST DU LIEBER SCHNELL NACH HAUSE GEHEN UND LER-NEN...

WAS REDEST DU DENN DA?

HAHAHA!

BEI DEN TESTPRÜFUNGEN HATTE ER STETS DIE NOTE A!

WIR KÖNNEN GANZ BERUHIGT SEIN!

WENN SICH KEINE NATURKATASTROPHE EREIGNET, IST ER SICHER!

SIE WOLLEN BEIDE NUR MEIN BESTES.

ABER, LIEBLING...

IHRE ERWARTUNGEN SIND HOCH. DAMIT SETZEN SIE MICH WEITER UNTER DRUCK...

STECH STECH

NEHME ICH EINE...?

MEHR RÜCKSICHT KANN ICH VON IHNEN NICHT VERLANGEN.

ISS AUF UND STRENG DICH AN!

MACH DIR KEINE GEDANKEN UM GELD!

WOBEI MICH SOWOHL MEIN VATER ALS AUCH MEINE MUTTER...

... TATSÄCHLICH SEHR UNTERSTÜTZEN...

KUNIHIKO-KUN, ICH ESSE REISKUCHEN!

DU SIEHST SÜSS AUS IN FREIZEITKLAMOTTEN!

ICH MACHE MIR SORGEN...

IST JA GUT...

DAS IST BALD, JA?

MAN SCHREIBT ZWEI TESTS... UND DAS IST DER ERSTE?

ACH SO, „ZENTRALE PRÜFUNG" HEISST DAS?

BESETZT! ZUTRITT VERBOTEN

SENRI

DAS IST ES.

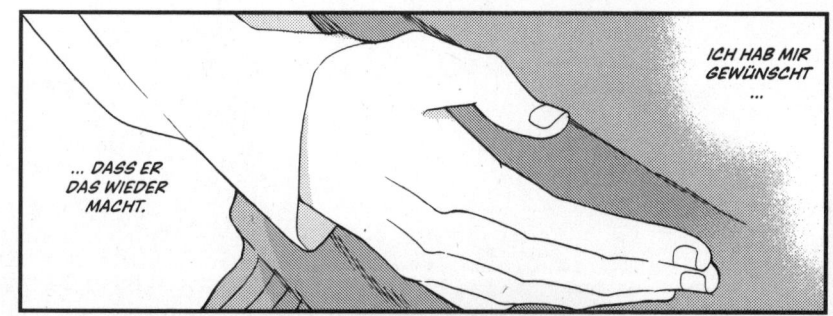

ICH HAB MIR GEWÜNSCHT ...

... DASS ER DAS WIEDER MACHT.

SENRI ...

SCHLUCK

... BITTE.

DAS
TUT SO
GUT...

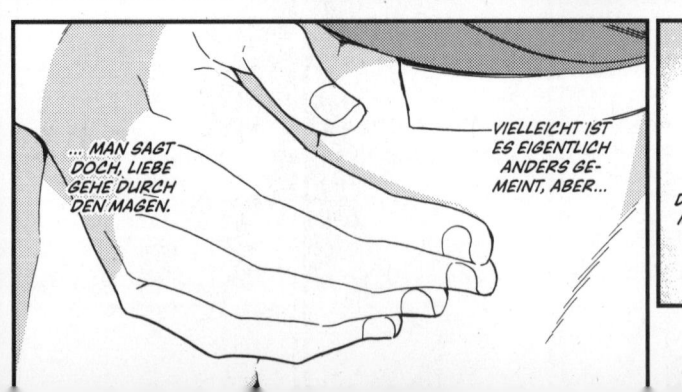

... MAN SAGT
DOCH, LIEBE
GEHE DURCH
DEN MAGEN.

VIELLEICHT IST
ES EIGENTLICH
ANDERS GE-
MEINT, ABER...

WIESO
BERUHIGT
DAS MEINEN
MAGEN SO?

ES TUT MIR LEID, DASS NUR ICH MICH WOHLFÜHLE...

FH!

FH!

FH!

...WÄHREND ES FÜR IHN ZIEM- LICH ANSTREN- GEND IST.

REIB

REIB

FFFH!

FFFH!

FFFH!

HMM

HMM

MIT ANDEREN WORTEN, ER MÖCHTE SEX MIT MIR HABEN!

SENRI IST OF- FENSICHTLICH MEINETWEGEN SEXUELL ERREGT.

DIE PRAXIS MUSS ICH VORSICHTIG ANGEHEN.

ÜBER SEX MIT FRAUEN WEISS ICH EINIGER- MASSEN BESCHEID, OBWOHL...

...AUCH DAS NUR GRAUE THEO- RIE IST.

SEXUALITÄT UND KÖRPER

...IST FREMDES TERRAIN FÜR MICH.

...MIT EINEM MANN...

SEX...

HÄÄÄ?!

WAS DEN SEX AN-GEHT...

OB ICH DAS ÜBERHAUPT...

... KANN...?

KH...

SEN-RI...

DU KANNST DAS PROBLEM NICHT EINFACH IGNORIEREN!

NI... NI... NI... NICHT DOCH, KUNIHIKO-KUN! WIE KOMMST DU DENN JETZT AUF SEX...?

WENN DU EIN PROB-LEM AUF DIE LANGE BANK SCHIEBST, MACHST DU ES DADURCH NUR NOCH GRÖSSER.

UND WENN ES EIN KOM-PLIZIERTES PROBLEM IST, SOLLTE MAN SICH VON AN-FANG AN DAMIT BEFASSEN!

... UND WAS SEX MIT EINEM MANN ANGEHT, HABE ICH NICHT DIE GERINGSTE AHNUNG.

ICH HATTE NOCH NIE SEX MIT EINER FRAU...

ES IST NUR SO...

ACH SO?!

MIR IST KLAR, DASS DIE ART BEZIEHUNG, DIE DU MEINST, SEX BEINHALTET.

ERRÖT ☆

O-OKAY!

UND IM MOMENT...

... HABE ICH NICHT DIE KRAFT, MIR EIN NEUES WISSENSGEBIET ANZUEIGNEN.

ICH MUSS MICH AUF DIE AUFNAHME-PRÜFUNG KONZENTRIEREN.

... LÄUFT ES DARAUF HINAUS, DASS ICH VON DIR MEHR RÜCKSICHT VERLANGE, ABER...

DAS BETRIFFT NUR MICH. DESHALB...

J-JA...

... DAS WEISS ICH!

WÄRE ES VIELLEICHT MÖGLICH, MIT DEM SEX BIS NACH DER AUFNAHMEPRÜFUNG ZU WARTEN...?

...DAS HEISST, ES DÜRFTE AUCH KEINE RECHTLICHEN SCHWIERIGKEITEN GEBEN.

DANN IST AUCH DIE ABSCHLUSSFEIER AN DER OBERSCHULE VORBEI...

DIE OFFIZIELLE BEKANNTGABE DER ERGEBNISSE IST AM 10. MÄRZ.

WANN IST DIE PRÜFUNG VORBEI?

JA, WENN DU BEREIT BIST ZU WARTEN.

WI...

WIR WERDEN SEX HABEN?

VERSTANDEN! OKAY, ICH ERSTELLE EINEN VORLÄUFIGEN ZEITPLAN...!

NA KLAR, ICH WARTE!

HA!

WAS IST MIT KÜS-SEN?

WENN WIR FRÜ-HESTENS AM 10. MÄRZ SEX HABEN...

... UND UNS BIS DAHIN NICHT KÜSSEN ...

... IST DIE REIHEN-FOLGE ETWAS KOMISCH ...!

OKAY, ALSO, WENN ICH DIE ZEIT JETZT FÜR GEKOMMEN HIELTE, DANN DÜRFTE ICH DICH KÜSSEN?

DARF ICH DICH KÜSSEN... JETZT?

DU SCHEINST DAMIT ER-FAHRUNG ZU HABEN. ALSO ÜBERLASSE ICH DAS DIR.

ICH VERLASSE MICH AUF DEIN GEFÜHL FÜR DAS RICHTIGE TIMING.

WAS?!

STIMMT. DAS LEUCH-TET MIR EIN...

AN SOLCHEN PUNKTEN WIRD MEINE NICHT VORHANDENE ERFAHRUNG SICHTBAR.

ICH MUSS MICH INTENSIVER MIT DEM KONZEPT VON BEZIEHUNG BESCHÄFTIGEN...

EINEN MANN ZU KÜSSEN MÜSS-TE GENAUSO SEIN WIE EINE FRAU...

WIE DAS GEHT, WEISS ICH.

DAS IST DAS RICHTIGE TIMING!

DAS SOLLTE KLAP-PEN...

J-JA.

BUBUM

ICH BIN NERVÖS...

BUBUM

ER HAT EIN
HÜBSCHES
GESICHT...

ES IST MIR NICHT UNANGENEHM, WEIL ER EIN MANN IST ODER SO.

FLATSCH

LLL
LLL

ACH,
EGAL...

KLACK
KLACK

NMH

IN
DIESEM
MOMENT
MUSSTE
KUNIHI-
KO...

M...

MEINE
BRILLE
...

NMH
MH

... DARAN
DENKEN, WIE
ER VOM NACH-
BARSHUND
JOHN ABGE-
SCHLECKT
WORDEN
WAR.

JOHN
2 JAHRE ALTER GOLDEN RETRIEVER

KUNIHIKO, 7 JAHRE

HA...!

HH
HH
SO FÜHLT SICH EIN KUSS AN?
HOFFENT-LICH HAB ICH ALLES RICHTIG GEMACHT...!
HHHH
HHHH
HHHH
KUNIHIKO-KUN...
UH!
SENRI!
WIEDER DEIN MAGEN?

ICH KOMME ...

NEIN, ÄHM...

TOILE SAUBER HALT

AH, HAT ER WIEDER DURCH- FALL?

KUNIHIKO- KUN!

KUNIHIKO- KUN...!

FROHES NEUES!

KUNIHIKO- KUN...

PUH!

ANSCHEI- NEND HAB ICH ES GUT GEMACHT...

SORRY, DASS DU WARTEN MUSS- TEST.

NA JA, HAT NICHT LANGE GE- DAUERT.

SIEH HER, KUNIHIKO-KUN, WIE MÄNNLICH ICH BIN!

VORSICHT! ACHTE GEFÄLLIGST AUF MICH!

JA!

JA!

JA!

HIII, NICHT SO SCHNELL!

MIT SOJABOHNENMEHL

OH...

ICH WÜRDE DEIN GESICHT VERPIXELN. IST ES OKAY, WENN ICH ES HOCHLADE?

AUF DEM BESTEN FOTO BIST DU AUCH MIT DRAUF...

NANASE-KUN!

SIEHT MEGAGUT AUS!

HM, SEHR SCHÖN, SEHR SCHÖN!

DESHALB NEHMT ES RUHIG.

AUCH WENN ES EIN BISSCHEN STRESS FÜR MEINEN MAGEN BEDEUTET...

GNNH

KAUM ZU GLAUBEN, DASS ICH SO DENKE...

... NACHDEM MEIN MAGEN IMMER HÖCHSTE PRIORITÄT HATTE.

WAS HAT DAS HIER ZU BEDEUTEN, KUNIHIKO?

ZWICK

ZWICK

ZWICK

ZWICK

WIESO FEIERST DU?!

DU HAST DOCH GESAGT, DU GEHST LERNEN!

DAS BIST DU, ODER?

SUGIMURA-SANS TOCHTER MIYUKI HAT MIR DAS GEZEIGT.

GIB MIR DEIN SMART-PHONE! DENEN WERDE ICH WAS ERZÄH-LEN!

DA FRAGE ICH MICH DOCH, WAS DAS FÜR LEUTE SIND!

ÜBERHAUPT...! ERWACHSENE MENSCHEN, DIE EIN KIND IN SO EINER ENT-SCHEIDENDEN PHASE DAZU VERLEITEN, ZU FEIERN ...!

ALLE ANDEREN KINDER LERNEN IN DIESER ZEIT!

IST DIR KLAR...

... DASS DU NUR NOCH EINE KNAP-PE WOCHE HAST?

...!

STIMMT GENAU.

DAS IST ÜBERHAUPT KEIN PROBLEM.
ICH HABE GENUG RESERVEN FÜR EIN BISSCHEN SPASS.
ICH WERDE AUF KEINEN FALL VERSAGEN.
DESHALB BESCHWER DICH BITTE NICHT BEI IHNEN...!
NUN, WENN DAS SO IST...
ZWICK

ICH MÖCHTE IHM KEINE SCHEREREIEN MACHEN.

ICH WILL NICHT, DASS JEMAND SAGT, SENRI SEI SCHULD.

TONK

NANASE-KUN, DU BIST SO BLASS. ALLES IN ORDNUNG?

JA...

WENN ICH MEINE NORMALE LEISTUNG ABRUFEN KANN, IST ALLES OKAY.

ICH HABE GETAN, WAS ICH KONNTE.

DIIING

DOOONG

MEINE MEDIZIN HABE ICH AUCH GE-NOMMEN...

ICH HAB SCHMERZEN...

SIE WIRKT NICHT GUT...

SCHRECK

GNNH

...

...

ZWICK

GANZ RUHIG...! DAS KANN ICH AUF-HOLEN.

VER-DAMMT!

ICH HAB EINEN MO-MENT NICHT ZUGEHÖRT!

UH!

ES TUT SO WEH!

ZWICK

ZWICK

ZWICK

ZWICK

SELBSTBE-
NOTUNG INS-
GESAMT 710
PUNKTE?

LIEBE SCHLÄGT MIR AUF DEN MAGEN #4

KÖNNTE
DEN AUS-
SCHLUSS
BEDEUTEN.

DAS
IST
ÜBEL
...

JA...

... DAS
IST MIR
BEWUSST.

BIST
DU SCHON
ZURÜCK,
KUNIHI-
KO?

DER
SCHLÜSSEL
STECKT
NOCH
IM...

ICH HAB
SCHMER-
ZEN...

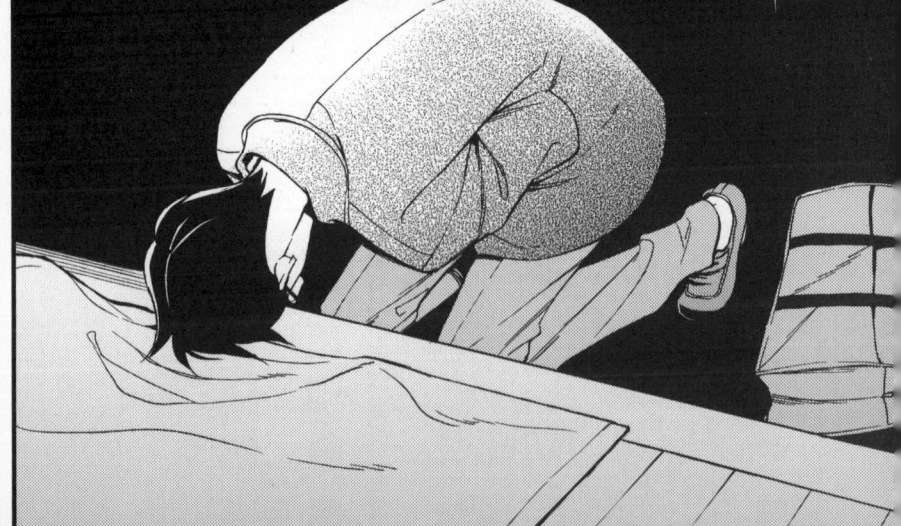

LIEBE SCHLÄGT MIR
AUF DEN MAGEN

#4

KUNIHIKO
...!

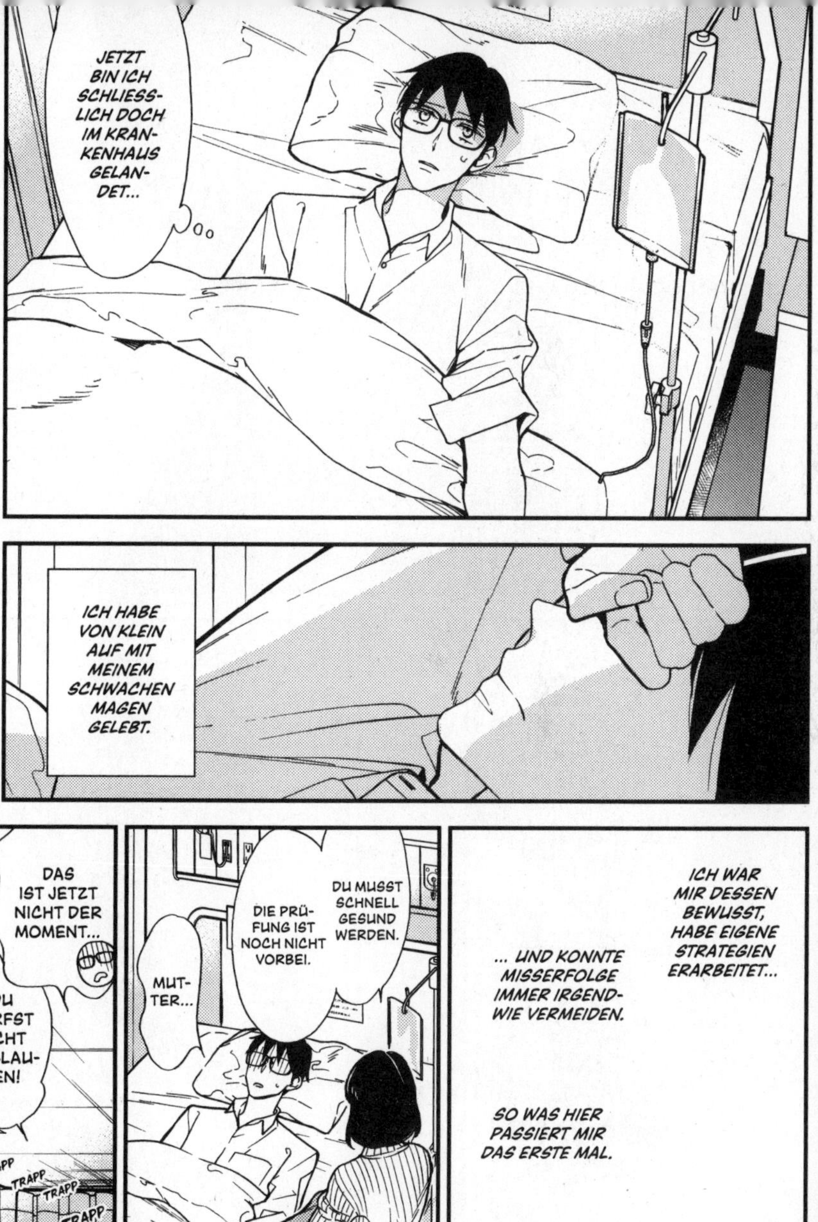

JETZT BIN ICH SCHLIESSLICH DOCH IM KRANKENHAUS GELANDET...

ICH HABE VON KLEIN AUF MIT MEINEM SCHWACHEN MAGEN GELEBT.

DAS IST JETZT NICHT DER MOMENT...

DU DARFST NICHT WEGLAUFEN!

TRAPP
TRAPP
TRAPP
TRAPP
TRAPP

DIE PRÜFUNG IST NOCH NICHT VORBEI.

DU MUSST SCHNELL GESUND WERDEN.

MUTTER...

ICH WAR MIR DESSEN BEWUSST, HABE EIGENE STRATEGIEN ERARBEITET...

... UND KONNTE MISSERFOLGE IMMER IRGENDWIE VERMEIDEN.

SO WAS HIER PASSIERT MIR DAS ERSTE MAL.

KUNIHIKO-KUN!

JETZT
SIEHST
DU, WAS
DU DAVON
HAST.

DU HAST
DIE PRÜFUNG
VERMASSELT,
WEIL DU DICH
MIT SOLCHEN
LEUTEN
ABGIBST.

SCHICK
IHN WEG,
KUNIHI-
KO!

OH
NEIN,
WIE DU
AUS-
SIEHST
...!

SENRI,
NICHT SO
LAUT! DAS
IST EIN
KRANKEN-
HAUS.

WENN
SIE
DURCH-
GELAU-
FEN IST,
KANN
ICH NACH
HAUSE.

ICH
BEKOMME
NUR EINE
INFUSION.

MFGH

WENN JEMAND SCHULD IST, DANN BIN ICH ES!

...!

DAS IST EINE FAMILIENANGELEGENHEIT. ALSO MISCHEN SIE SICH NICHT EIN!

WARUM MACHEN SIE KUNIHIKO-KUN VORWÜRFE?

DU HAST ZWAR GESAGT, ES WÄRE KEIN PROBLEM, ABER...

... DAS GLAUBE ICH DIR NICHT.

GRRR

DOKTOR!

RUHE BITTE.

ICH MÖCHTE, DASS ER SICH ZUSAMMENREISST...!

WAS FÄLLT IHNEN EIN? ICH MACHE MIR SORGEN UM KUNIHIKO!

SIE SIND MIT EIN GRUND FÜR SEINEN STRESS.

DAS IST MIR SCHON BEI DER UNTERSUCHUNG AUFGEFALLEN...

FRAU NANASE...

!

WENN ICH AN DEINEN MAGEN DENKE...

... DANN HALTE ICH FÜR DAS BESTE.

DAS IST NICHT WAHR!

WAH! DU DARFST DICH NICHT BEWEGEN!

... WEIL ICH DIR KEINE SCHEREREIEN MACHEN WOLLTE, ABER...

ICH GEBE ZU, DIESES MAL HABE ICH MIR MEHR ZUGE-MUTET ALS NÖTIG...

UND WENN ES UM DICH GEHT...

... MACHEN MIR EIN PAAR MAGEN-SCHMERZEN NICHTS AUS!

... VIEL WICHTIGER IST DOCH, DASS DU MEINE MAGEN-PROBLEME GELINDERT HAST!

DAS IST ABER NICHT RICHTIG!

ICH WOLLTE DOCH DAFÜR SORGEN, DASS DU KEINE MAGENSCHMERZEN MEHR BEKOMMST.

DAS HATTE ICH DIR VORHER VERSPROCHEN.

ICH WOLLTE DEINEN MAGEN MIT DIR ZUSAMMEN BESCHÜTZEN.

WENN ICH DAZU NICHT IMSTANDE BIN...

... DANN IST ES BESSER, WENN WIR UNS TRENNEN.

DAS WAR SUPER, SENRI!

GUTE ARBEIT!

DAS WAR IHM ALSO KLAR...?

WUSCHEL

WUSCHEL

KLANG

JA.

ICH HABE IHN VON ANFANG AN ZU SEHR BEDRÄNGT...

... WEIL ICH IHN SO UNHEIMLICH GERN HABE.

SENRI.

WEGEN KUNIHI-KO...

BIST DU SI-CHER?

ZUM SCHLUSS ...

... HAT ER GESAGT, ES MACHE IHM NICHTS AUS, MEINETWEGEN EIN PAAR MAGENSCHMERZEN ZU HABEN.

STELL DIR VOR, ICH HABE MICH DARÜBER GEFREUT!

ALS FREUND BIN ICH EINE NULL!

ICH HAB MICH SO ZUSAMMENGERISSEN, WEIL ES KUNIHIKO-KUN NUR NOCH MEHR STRESSEN WÜRDE...

... WENN ICH WEINE...

SENRI ...

ACH, VERDAMMT ...!

WUSCHEL

WUSCHEL

DU HAST DICH TAPFER GESCHLAGEN!

PONG

RUI...

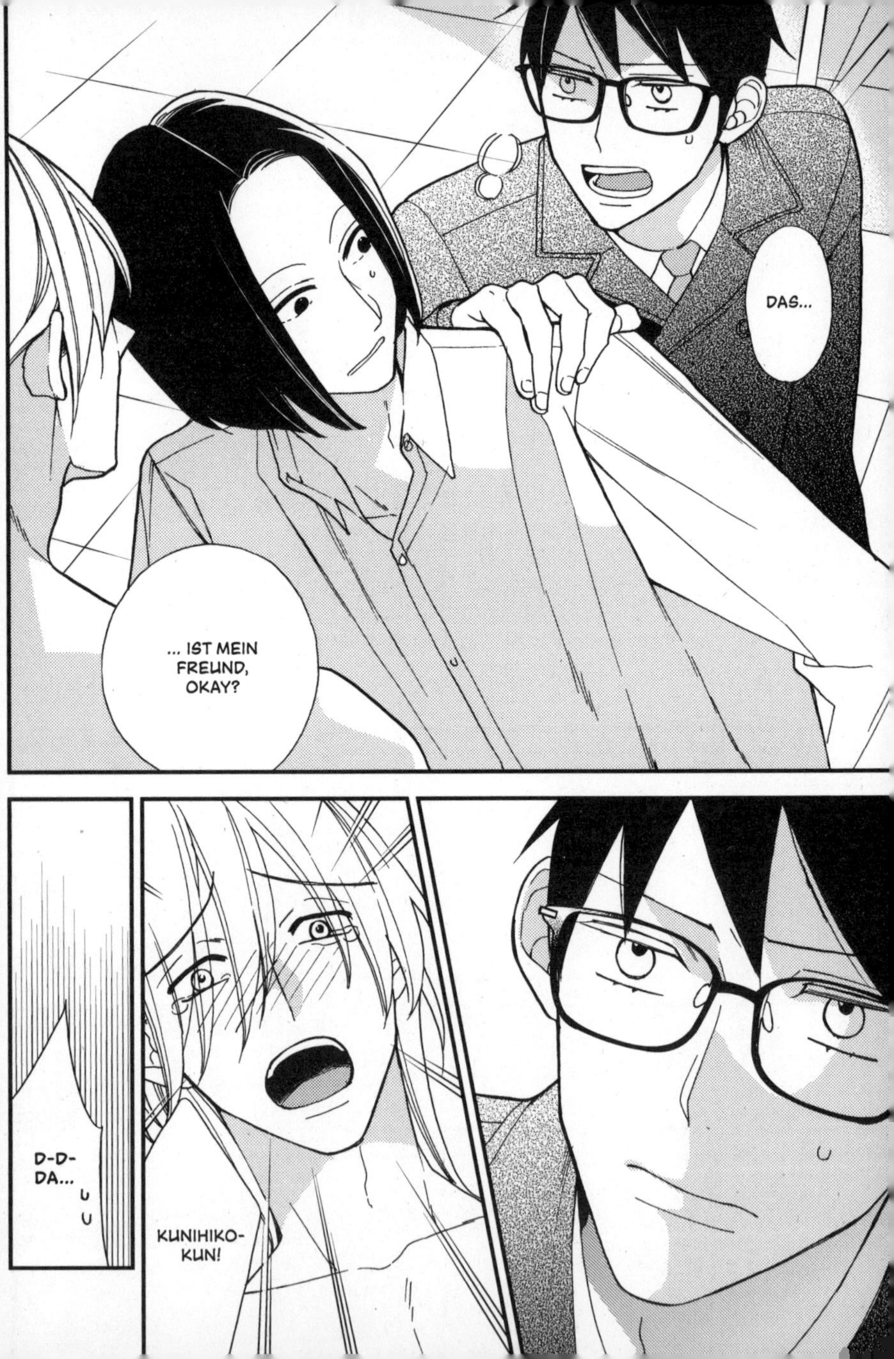
DAS...
... IST MEIN FREUND, OKAY?
KUNIHIKO-KUN!
D-D-DA...
U U

ABER ICH HAB DOCH GESAGT, ES IST BESSER, WENN WIR UNS TRENNEN!

WAS MACHST DU DENN?

DAS WAR... DAS WAR KNAPP... DANKE!

SENRI ...

BUBUM

SSS

WAAAAH! ER IST TOTAL COOL!

TUT MIR LEID... DASS DU DIR SOR-GEN UM MICH MACHEN MUSSTEST ...

BUBUM

BUBUM

ABER DER GEDANKE, DICH ZU VERLIEREN...

SELBST WENN ICH BEI MEINER WUNSCHUNI DURCHFALLE... DAVON STERBE ICH NICHT.

MIR STEHEN NOCH ALLE WEGE OFFEN.

ICH HABE DANACH TIEF IN MICH HIN-EINGEHÖRT.

... DASS ICH NICHT WEISS, WIE ICH DAMIT FERTIG-WERDEN SOLL.

... VERUR-SACHT MIR SOLCHE MAGEN-SCHMERZEN ...

MEIN MAGEN VERRÄT MIR ALLES, WAS WICHTIG IST.

BITTE SAG NICHT WIEDER, WIR SOLLTEN UNS TRENNEN.

UH... SIEHST DU...!? JETZT AUCH...

KUNIHIKO-KUN!

KNEIF

KUNIHIKO-KUN...

ICH MÖCHTE, DASS DU MIT MIR ZUSAMMEN AUF MEINEN MAGEN AUFPASST.

UND WENN DIE PRÜFUNG VORBEI IST, MÖCHTE ICH SEX MIT DIR HABEN.

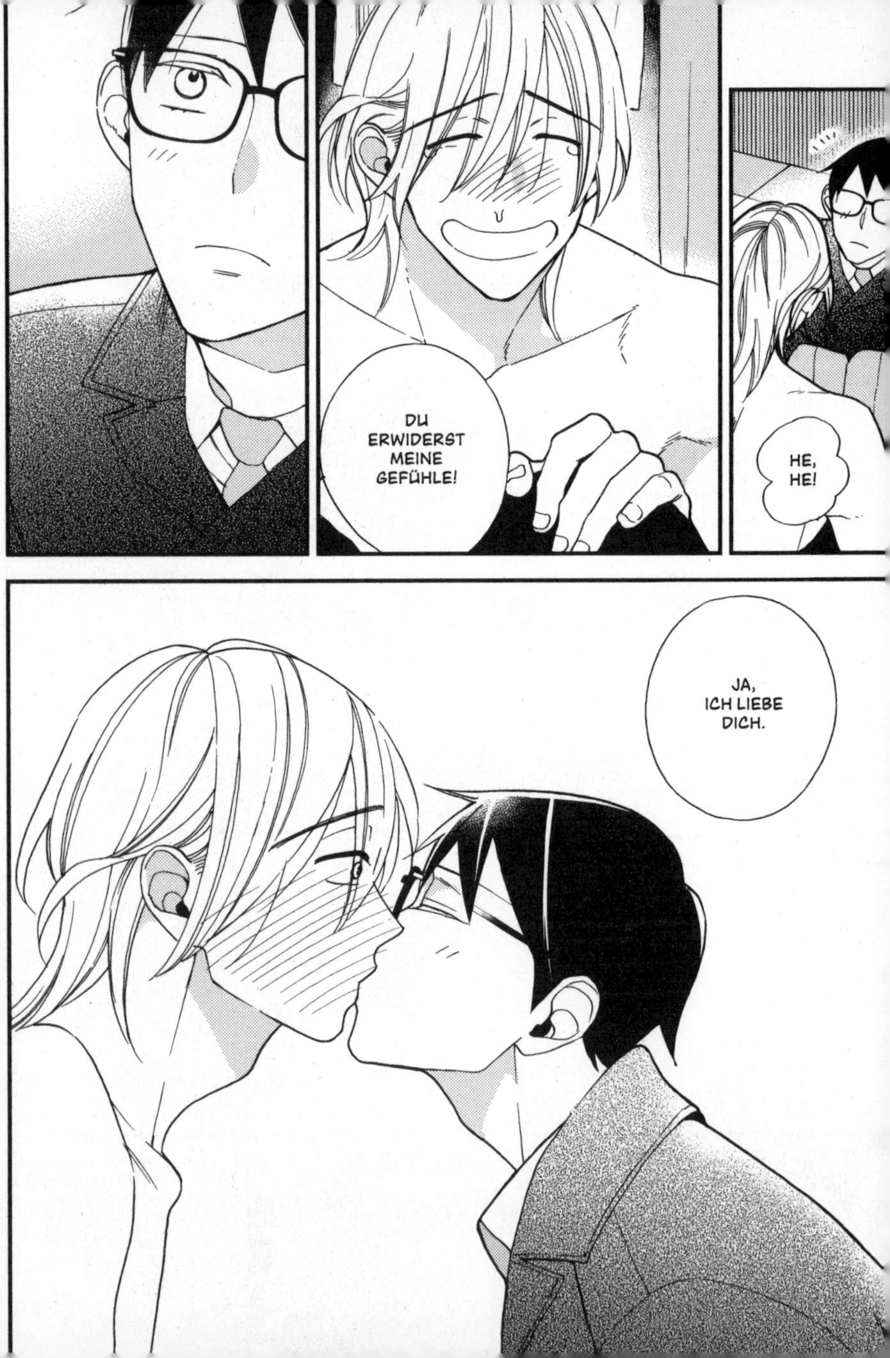
HE, HE!
DU ERWIDERST MEINE GEFÜHLE!
JA, ICH LIEBE DICH.

WIRKLICH?

SENRI!

ICH BIN NICHT DURCH-GEFALLEN!!

JUHUUU!
JUHUUU!

ICH GEHE JETZT!

KUNIHIKO-KUN...

DANKE!

PASS AUF DICH AUF!

ST...

REI...

(...SS DICH ZUSAM-MEN)

(...RENG DICH AN)

ICH WOLLTE NICHT, DASS DU DICH AUFREGST...

WAS SOLL DIESES VERSTECKSPIEL?

HOSHI DENTAL

KLINIK

MIT ANMELDUNG

70 M RECHTS

5XX0-5XX1

DAS HIER WOLLTE ICH DIR GEBEN...

HEUTE IST DIE ZWEITE PRÜFUNG, NICHT WAHR?

KitKat

Message

KUNIHIKO-KUN, ICH LIEBE DICH!

SENRI

PRÜFUNGS-SCHOKO-LADE...

... ABER LETZTEND- LICH WAR ES DAS, WAS ICH DIR SAGEN WOLLTE.

ICH HAB MIR ALLES MÖGLICHE ÜBERLEGT ...

DANKE!

3 March

3		4
10		11
	BEKANNTGABE DER ERGEBNISSE	
17		18

ICH DENKE, ES WIRD ALLES GUT GEHEN.

MACH DIR NICHT SO VIELE GEDAN- KEN.

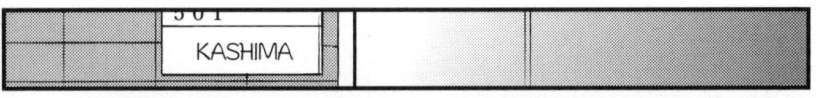

DAS IST VON DEN LEUTEN AUS DER AGENTUR.

ZUR FEIER DEINER BE-STANDENEN PRÜFUNG.

Back lotion

GLEITGEL

0.01
excelent fit

GLÜCKWUNSCH ZUR BESTANDE-NEN PRÜFUNG

DIE GANG

AUSSERDEM HABEN SIE MIR EIN PAAR EMP-FEHLENSWER-TE WEBSEITEN GENANNT...

DAS IST ECHT HILF-REICH!

LASS UNS DIESE DVD ANSE-HEN!

ES GEHT LEICHTER, WENN MAN ANDEREN DABEI ZU-SIEHT!

BOYS IN THE SAND

TEPPEI-KUNS ERSTES MAL

ZWISCHEN MÄNNERN...
... BEIM SEX DEN WILLEN DES PARTNERS RESPEK...
... EIN GEMEINSA-MEN... FINDE...

SO WIRD DER SEX FANTAS-TISCH ...

KUNIHIKO-KUN!

NEIN, ICH MÖCHTE MICH RICHTIG INFORMIE-REN...

WIR KÖNNEN DOCH BEIM ZUSEHEN DIE INFOR-MATIONEN VERGLEI-CHEN!

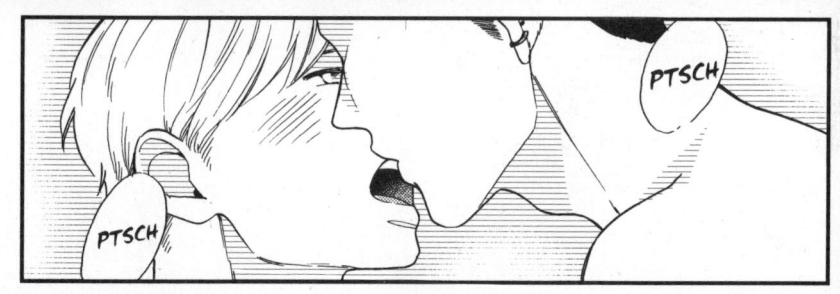

PTSCH

PTSCH

MAN MUSS ES NICHT ÜBER-TREIBEN, ABER DIE GRUNDLAGEN SOLLTE MAN SCHON BEHERR-SCHEN.

ES GIBT VIELE VER-SCHIEDENE ARTEN VON ZÄRTLICH-KEITEN...

LLL

LLL

MH

MH

SO KANN MAN SICH NATÜRLICH AUCH KÜS-SEN...

HM ...

GUT, DASS DIE TO-ILETTE NEBEN-AN IST...

J-JA...!

ALLES OKAY MIT DIR?

ERSCHÖPFT

KUNIHIKO-KUN...

GNH ♥

ICH GLAUBE, JETZT HABE ICH EINE UNGEFÄHRE VORSTEL-LUNG DA-VON...

... WIE SICH DEINE BAUCH-SCHMERZEN ANFÜHLEN.

ER STEHT TATSÄCH- LICH...

JA...

ES ERREGT MICH...

... WENN DU MICH BE- RÜHRST.

HM...

... UND AB UND ZU VERSUCHT, DEN FINGER LEICHT HINEINZUDRÜCKEN.

GHGH

SO?

...MIT DER FINGERSPITZE AUF DEN ANUS TIPPT...

PETT
PETT

ES SCHEINT GUT ZU SEIN, WENN MAN KREISFÖRMIG DARUM HERUMFÄHRT...

FLRRR
FLRRR

EHRLICH?

HH   HH   HH

KA...

KANN SEIN, DASS MIR DIESES DRÜCKEN GEFÄLLT.

ES FÜHLT SICH ELASTISCH AN...

ICH GLAUBE, MEIN FINGER KÖNNTE REINGEHEN...

GH

GH

GH

NPPH

AH!

ENTSCHUL-
DIGE, KUNI-
HIKO-KUN
...

MEIN
FINGER
IST DRIN.

NUPP

NUPP

NUPP

NUPP

WENN
MAN ES
SCHAFFT,
DREI FINGER
HINEINZU-
STECKEN
...

... DANN
IST MAN
BEREIT
FÜR DEN
PENIS.

N-NEIN,
SCHON
GUT, DAS
GEHT...

MACH
BITTE
EINFACH
WEITER.

SLLLL

SLLLL

DABEI HABE ICH MICH SCHON MIT DREI FIN- GERN ZIEMLICH SCHWERGETAN.

DREI FIN- GER SIND NICHT GENUG...

N...

NEIN, WARTE NOCH...

WIEDERHO-
LUNG IST
WICHTIG.

DURCH EIF-
RIGES BEAR-
BEITEN WIRD
MEIN ANUS
LOCKERER.

ES IST
GENAU
WIE BEIM
LERNEN...

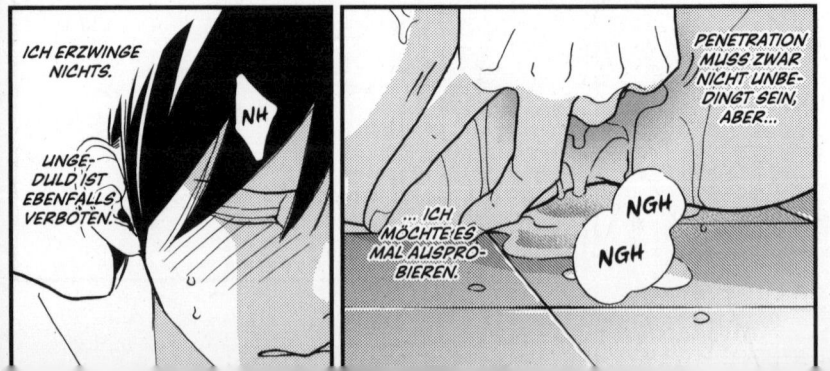

ICH ERZWINGE
NICHTS.

NH

UNGE-
DULD IST
EBENFALLS
VERBOTEN.

... ICH
MÖCHTE ES
MAL AUSPRO-
BIEREN.

PENETRATION
MUSS ZWAR
NICHT UNBE-
DINGT SEIN,
ABER...

NGH

NGH

WOW! TOLL, KUNI-HIKO-KUN!

DENN OBWOHL ICH VORSICHTIG UND UNGE-SCHICKT BIN...

... WARTET SENRI AUF MICH.

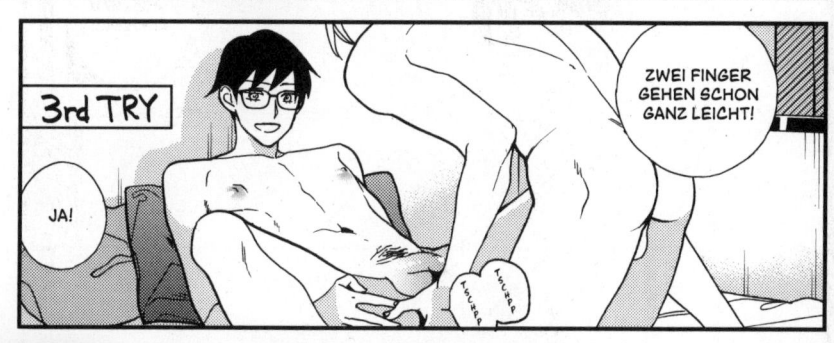

3rd TRY

ZWEI FINGER GEHEN SCHON GANZ LEICHT!

JA!

KNIRSCH KNIRSCH

MH...

SCHÖN...

WIE FINDEST DU DAS HIER?

GPPH

NACH UND NACH FÜHLT ES SICH AUCH IMMER ANGENEH-MER AN...

WIRKLICH?

VIEL SCHÖNER, ALS WENN ICH ES MIR SELBST MACHE...

GPPH

GPPH

KUNIHI-
KO...

AH!

AH!

...!

SENRI!

SENRI, BIST DU OKAY?

...

NEIN, SO SCHNELL KANN DAS NICHT...

TUT NICHT MEHR WEH!

DOCH, EHRLICH!

HE, HE...

JETZT IST ES MAL ANDERS-RUM!

... EINFACH NACKT EINZU-SCHLA-FEN.

ES WAR WOHL KEINE GUTE IDEE, NACH DEM SEX...

STREICHEL

STREICHEL

... ODER WAS SONST FÜR SCHWIERIGKEI-TEN...

OB ES UNSERE KOMPLIZIERTEN VERDAUUNGSOR-GANE SIND...

... ZUSAM-MEN KÖNNEN WIR IHNEN DIE STIRN BIETEN!

LIEBE SCHLÄGT
MIR AUF DEN
MAGEN
WAKU OKUDA

**LIEBE SCHLÄGT
MIR AUF DEN
MAGEN**
WAKU OKUDA

MEIN ÜBER ALLES GELIEBTER KUNIHI-KO-KUN...

ER IST INTELLIGENT, GELASSEN, ZUVERLÄSSIG, FREUNDLICH...

... UND... ÄHM... UND... UND...

... AUF JEDEN FALL IST ER TOTAL COOL UND SÜSS!

SENRIS SICHT

... WENN ICH DANN MAL GEFORDERT BIN...

... MUSS ICH MICH AUCH ANSTRENGEN!

ICH VERLASSE MICH IRGENDWIE IMMER AUF IHN, ABER...

SE...

SENRI...

... IST DAS WIRKLICH OKAY?

DASS DU IHN...

ICH HAB WIEDER WAS ENTDECKT, WAS DU MAGST!

KLAR, ÜBERLASS ALLES MIR!

ABER
...

... ICH ÜBERLAS-
SE ALLES IMMER NUR DIR.

SEX MACHT IMMER MEHR SPASS, ODER?

WO ICH DEINEN ANUS STREICHELN DARF, WEISS ICH JETZT AUCH...

IST ZU HAUSE AUSGEZOGEN.

OH!

FILM ÜBER JUNGE REBELLEN

HALT MAL DRAUF!

DER JUNGE HAT EIN TOLLES GESICHT!

SZENE 120

I-ICH WEISS!

DESHALB BIN ICH AUCH VOLL BEI DER SACHE!

KUNIHIKO-KUN HASST LEUTE, DIE NICHT ZU ENDE BRINGEN, WAS SIE ANGEFANGEN HABEN.

ICH VERMISSE KUNIHIKO-KUN...

HALLO, DEINE FIGUR SAGT NUR ZWEI SÄTZE!

FAHRER KIZU! SO ANSTRENGEND IST ALSO EIN FILM!?

DIE WARTEZEIT IST SO LAAAANG...

KUNIHIKO-KUN, DIE DREHARBEITEN SIND ABGESCHLOSSEN. ICH WILL DICH SEHEN. KANN ICH ZU DIR KOMMEN?

ICH KOMME ZU DIR.

SENRI ...

DANN MACH'S GUT!

KUNIHIKO-KUN!

ENDLICH KANN ICH DICH BERÜHREN!

HA...

... MEIN KUNIHIKO-KUN!

BUBUM

BUBUM

... IRGENDWIE BIN ICH WEITER NACH VORN GERÜCKT UND BEKAM MEHR AUFTRITTE.

ACH, ICH WEISS AUCH NICHT, ABER...

HAT ZIEMLICH LANGE GEDAUERT!

ALLERDINGS NICHT MEHR TEXT.

WEIL ICH SO MIES BIN...

ICH HAB...

... BLASEN GEÜBT.

GE...

GEÜBT...?

TYPISCH KUNIHIKO-KUN...!

WENN MAN HINTERHER-HINKT, MUSS MAN ALLEIN ÜBEN, UM AUFZUHOLEN!

ALSO ...

DAS MÖCH-TE ICH SEHEN!

ES IST DAS ERSTE MAL, DASS ICH ES BEI EINER PERSON MACHE. DES-HALB WEISS ICH NICHT, OB ES SICH WIRKLICH GUT ANFÜHLT...

ICH HAB'S MIT EINEM VIBRATOR PROBIERT.

ABER DAS MUSST DU NICHT ZU TUN!

ICH HAB'S GE-SCHLUCKT!

LETZT-ENDLICH KANN ICH...

... KUNIHIKO-KUN WOHL IN KEINEM PUNKT DAS WASSER REICHEN.

DU ERHOLST DICH ABER SCHNELL!

VIELEN DANK, DASS DU DIESEN MANGA GELESEN HAST!

WÄHREND DER ARBEIT AM ERSTEN KAPITEL HABE ICH MIR EINE MAGEN-DARM-ER-KRANKUNG ZUGEZO-GEN UND DACHTE BEIM ZEICHNEN: „NA, DAS NENNE ICH ZUFALL!"

ICH WÜRDE MICH FREUEN, WENN DIR DIE GESCHICHTE GEFALLEN HAT.

DER FILM WURDE ÜBRIGENS EIN HIT...

Boys Love

Hibari Momojiri
THE VAMPIRE HAS A DEATH WISH

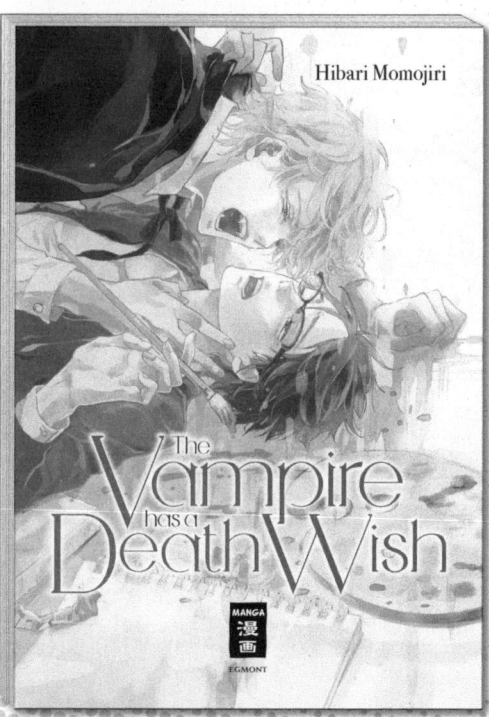

Hibari Momojiri

The Vampire has a Death Wish

MANGA
漫画
EGMONT

Sein berühmter, aber äußerst strenger Vater lässt Yuki Bilder unter seinem Namen malen. Doch unter diesem Druck fehlt ihm jede Inspiration. Er zieht sich in sein Häuschen im Wald zurück und trifft dort auf einen schönen jungen Mann, der völlig entkräftet vor ihm zusammenbricht. Yuki eilt zu Hilfe und wird... gebissen! Dann die nächste Überraschung: Der attraktive Vampir bittet Yuki, ihn umzubringen! Zum ersten Mal seit langem fühlt Yuki Inspiration und verspricht: „Ich werde dich töten, aber lass mich dich vorher malen."

The Vampire has a Death Wish
Einzelband ISBN 978-3-7704-5890-5
€ 8,00 [D], € 8,30 [A]

MANGA
漫画

EGMONT

Waku Okuda
NO COLOR BABY

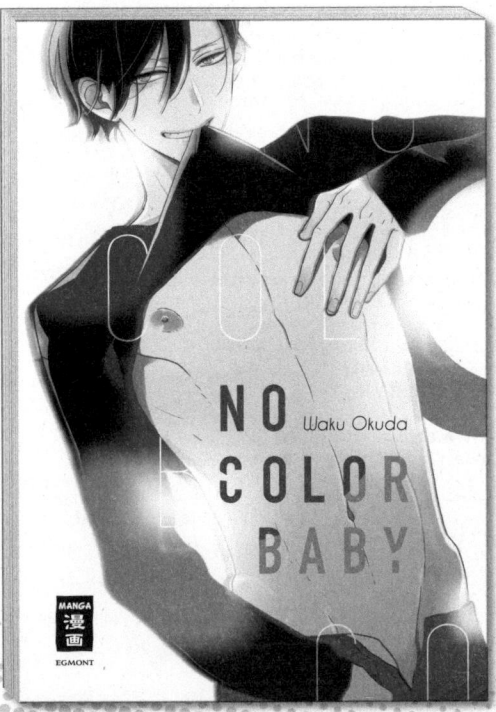

Auf der Suche nach Liebe

Mashiro ist hübsch, vorlaut und stürzt sich von einer Affäre in die nächste. Als er auf einen jungen Mann trifft, der so gar nicht in sein Beuteschema passt – seriös, zugeknöpft und mit seltsam traurigen Augen – lässt er sich auf ihn ein ... und lernt eine völlig neue Welt kennen.

No Color Baby
Einzelband ISBN 978-3-7704-5827-1
€ 7,50 [D]

„Liebe schlägt mir auf den Magen" von Waku Okuda
Aus dem Japanischen von Antje Bockel
Originaltitel: „Koisuru Bokura Wa Icho Ga Yowai"

Originalausgabe:
Koisuru Bokura Wa Icho Ga Yowai
© 2019 Waku Okuda
All rights reserved.
First published in Japan in 2019 by SHINSHOKAN All rights reserved.
First published in Japan in 2019 by SHINSHOKAN CO., Ltd. Tokyo
German version published by EGMONT Verlagsgesellschaften mbH under
license from SHINSHOKAN CO., Ltd.

Deutschsprachige Ausgabe:
2020 Egmont Manga
verlegt durch Egmont Verlagsgesellschaften mbH,
Alte Jakobstr. 83, 10179 Berlin

1. Auflage
Verantwortliche Redakteurin: Luisa Steinhäuser
Gestaltung: Laura Bartels
Textbearbeitung: Frank Neubauer und Etsche Hoffmann-Mahler
Koordination: Angelika Schönhuber
Printed in the EU
ISBN 978-3-7704-2637-9

www.egmont-manga.de
Mehr Boys Love findest du im Buch- und Fachhandel und auf

www.egmont-shop.de

Die Egmont Verlagsgesellschaften gehören als Teil der Egmont-Gruppe zur
Egmont Foundation - einer gemeinnützigen Stiftung, deren Ziel es ist, die sozialen,
kulturellen und gesundheitlichen Lebensumstände von Kindern und Jugendlichen zu
verbessern. Weitere ausführliche Informationen zur Egmont Foundation unter
www.egmont.com

SUTOPPU!

Koko wa kono manga no owari dayo.
Hantaigawa kara yomihajimete ne!
Dewa omatase shimashita!
Tanoshii hitotoki wo dozo!

Egmont Manga Chiimu

STOPP!

Das ist der Schluss des Mangas.
Fangt bitte am anderen Ende an!
Und nun genug der Vorrede,
viel Spaß beim Lesen!

Euer Egmont Manga Team